Juliane Linker

Musikalische Meisterwerke für Kinder

Antonio Vivaldi
Die vier Jahreszeiten

Ein Musikalisches Märchen für Kinder

Kopiervorlagen mit Lösungen

BRIGG Pädagogik

Gedruckt auf umweltbewusst gefertigtem, chlorfrei gebleichtem
und alterungsbeständigem Papier.

1. Auflage 2011
Nach den seit 2006 amtlich gültigen Regelungen der Rechtschreibung
© by Brigg Pädagogik Verlag GmbH, Augsburg
Alle Rechte vorbehalten.
Das Werk und seine Teile sind urheberrechtlich geschützt. Jede Nutzung in anderen als den gesetzlich zugelassenen Fällen bedarf der vorherigen schriftlichen Einwilligung des Verlages. Hinweis zu § 52 a UrhG: Weder das Werk noch seine Teile dürfen ohne eine solche Einwilligung eingescannt und in ein Netzwerk eingestellt werden. Dies gilt auch für Intranets von Schulen und sonstigen Bildungseinrichtungen.
Illustrationen: Corina Beurenmeister

ISBN 978-3-87101-**744**-5   www.brigg-paedagogik.de

Inhalt

Einführung	4
Unterrichtsschritte	7
Antonio Vivaldi: Die vier Jahreszeiten (Deckblatt)	9
Antonio Vivaldi (Biografie)	10
Die vier Jahreszeiten	11
Der Inhalt des Märchens	12
Prinz Pfirsichblüte – Der Herr des Frühlings	13
Prinzessin Erde erlebt den Frühling	14
Prinz Kirsche – Der Herr des Sommers	15
Prinzessin Erde erlebt den Sommer	16
Prinz Ahorn – Der Herr des Herbstes	17
Prinzessin Erde erlebt den Herbst	18
Prinz Tanne – Der Herr des Winters	19
Prinzessin Erde erlebt den Winter	20
Die Entscheidung	21
Konzert Nr. 1: Der Frühling	22
Die Instrumente	23
Kastenrätsel	24
Kastenrätsel (Lösung)	25
Musik-Quiz zu Antonio Vivaldi	26
Musik-Quiz zu Antonio Vivaldi (Lösung)	27
Kopiervorlagen/Abbildungen	28
Musikquellen	35

Einführung

Es ist nicht immer einfach, Kinder und Jugendliche an klassische Musik heranzuführen. Viele Kinder haben eine Begegnung mit dieser Musikgattung kaum erfahren und sind bewusstes, analytisches Hören nicht gewöhnt. Um auch diesen Kindern den Zugang zu ermöglichen, ist eine behutsame Einführung in die Welt der Klassik angebracht. Das gilt selbst für Vivaldis „Vier Jahreszeiten".

Die Wege zur Erschließung eines klassischen Musikwerks sollten abwechslungsreich und handlungsorientiert gestaltet sein. Die Kinder müssen ganzheitlich angesprochen werden und das Werk über verschiedene Zugänge erfahren können. Das vorliegende Projekt ist fächerverbindend ausgerichtet: Der Musikunterricht steht hier in enger Wechselbeziehung mit den Fächern Deutsch, Kunst und Sachunterricht. Im fächerübergreifenden Unterricht ergänzen sich die Bereiche zu einem sinnvollen Miteinander.

DIE VIER JAHRESZEITEN (le quattro stagioni) von Vivaldi sind eines der schönsten und bekanntesten Werke aus der Barockzeit. Sie gehören zu einer Sammlung von 12 Konzerten für Violine und Orchester, Opus 8. Das Gesamtwerk trägt den Titel „Das Wagnis von Harmonie und Erfindung" (il cimento dell' armonia e dell' invenzione). Die vier Jahreszeiten sind die ersten vier dieser zwölf erschienenen Konzerte. Charakteristisch ist die dreisätzige Form, die Mittelsätze sind in langsamem Tempo geschrieben. Vivaldi war einer der ersten Komponisten, die konsequent die Ritornellform anwandten. Die Musikstücke wurden im Stil des Barock komponiert und 1725 veröffentlicht.

OPUS 8
Konzert Nr. 1: Der FRÜHLING (la primavera) in E-Dur
Konzert Nr. 2: Der SOMMER (l'estate) in G-Moll
Konzert Nr. 3: Der HERBST (l'autunno) in F-Dur
Konzert Nr. 4: Der WINTER (l'inverno) in F-Moll

Jedes einzelne Violinkonzert porträtiert eine bestimmte Jahreszeit. Es sind aneinandergereihte musikalische Bilder aus der belebten und unbelebten Natur, die die Vorstellungskraft der Zuhörer anregen sollten. Naturerscheinungen und Empfindungen, Menschen und Tätigkeiten werden im Rhythmus der Jahreszeiten lebendig. Vivaldi stellt die einzelnen Jahreszeiten eindrucksvoll mit musikalischen Mitteln dar. Erklärende Sonette geben weitere Erläuterungen.

Im ersten Konzert sind zarte Vogelstimmen meisterhaft durch Violinen dargestellt. Blühende Wiesen, murmelnde Quellen, rauschende Bächlein sowie ein Frühlingssturm sind durch Streichinstrumente nachgeahmt.

Im zweiten Konzert spürt man geradezu die drückende Hitze des Sommers, erahnt Mückenschwärme und schlafende Hirten und hört ein Gewitter.

Im Herbst-Konzert erklingen Hörnerklänge, ein Bauerntanz zum Erntefest und eine Jagdszene.

Klirrende Kälte mit Zittern und Frieren, kräftiges und vorsichtiges Gehen auf dem Eis vernimmt man im Winter. Ein Eisläufer scheint seine Bahnen zu ziehen und malt mit Kufen Kreise auf das Eis. Behaglichkeit, Wärme und Ruhe verspürt man am Kamin in der warmen Stube, während draußen Regentropfen und Schnee fallen und in einem Schneesturm enden.

Vivaldi fügte seinen Zuhörern zum besseren Verständnis jeder Jahreszeit ein erläuterndes Gedicht hinzu. Diese Sonette wurden wahrscheinlich von ihm selbst verfasst.
Ohne diesen begleitenden Text ist es nicht immer einfach, allein durch Hören des Musikwerks die einzelnen Begebenheiten zu deuten. Die Sonette entstammen der Zeit des Barock. Wegen ihrer sprachlichen Form ist es sinnvoll, Grundschulkindern einen Text zur Musik vorzulegen, der zeitgemäß und ansprechend ist.

Übereinstimmend mit Vivaldis Musik und in Anlehnung an die verbalen Beschreibungen im Sonett erfand Lucien Adès ein Märchen, das Kindern hilft, Vivaldis Violinkonzerte von den Jahreszeiten verständlicher zu machen. Das Märchen erzählt von Sonne, Erde und den vier Jahreszeiten. Bei der Hörspielform handelt es sich um eine gelungene Mischung aus Erzählung und Musikeinspielung, die Kinder anspricht und fasziniert (Die Audio CD ist leicht über den Buchhandel zu beschaffen oder kann auch oft in Büchereien ausgeliehen werden, siehe Seite 35).

Wie Vivaldis Musikstück wird auch das Märchen aufgeteilt in 4 Abschnitte:
1. Prinz Pfirsichblüte – der Herr des Frühlings
2. Prinz Kirsche – der Herr des Sommers
3. Prinz Ahorn – der Herr des Herbstes
4. Prinz Tanne – der Herr des Winters

Der Sonnenkönig sucht für seine Tochter, die Prinzessin Erde, einen Gemahl. Sie hat die Möglichkeit der Wahl zwischen den Prinzen des Frühlings, des Sommers, des Herbstes und des Winters. Mit jedem darf sie einen Tag verbringen. Für welchen wird sie sich entscheiden?
Mithilfe der Erzählung und vielen Musikbeispielen tauchen die Kinder in die Sprache der klassischen Musik ein und lernen sie besser verstehen. Die Aufmerksamkeit wird gefördert, die Fantasie angeregt, und Kinderohren öffnen sich zusehends der klassischen Musik. Da sich das Märchen eng an Vivaldis Musik und den Sonetten orientiert und die Kinder kreativ und handlungsorientiert einbezogen werden, ist der Erfolg garantiert.

Der Hörspieltext ist für die Kinder in verkürzter Form schriftlich fixiert, sodass die Schülerinnen und Schüler durch Hören und Lesen das Werk intensiv aufnehmen können. Durch ansprechende Illustrationen, die dem Text entsprechend koloriert werden müssen, entsteht ein schönes Bilderbuch. Gleichzeitig erhalten die Kinder die Möglichkeit, selbst gestalterisch tätig zu werden. Prinzessin Erde kann im Wechsel der Jahreszeiten gemalt werden. Am Beispiel Baum lassen sich jahreszeitliche Veränderungen besonders gut verdeutlichen. Die Kinder können Prinz Pfirsichblüte, Prinz Kirsche, Prinz Ahorn und Prinz Tanne entstehen lassen und Motive aus Vivaldis musikalischen Beschreibungen individuell hinzufügen. Die Kopiervorlagen im Anhang geben viele Anregungen.
Vivaldi, der mit musikalischen Mitteln arbeitete und „mit Tönen malte", inspiriert mit dem Musikstück Kinder zu kreativem Tun.

Die Unterrichtseinheit lässt sich fachübergreifend in Musik, Deutsch, Kunst und Sachunterricht behandeln. Empfehlenswert ist eine Durchführung in den ersten Wochen eines neuen Jahres.

Unterrichtsvorschläge

Sachunterricht:
Von der Einteilung des Jahres
Von den vier Jahreszeiten
Welche Jahreszeit gefällt dir am besten? Warum?

Deutsch:
Rollenspiel
Kleines „Streitgespräch" zwischen Frühling, Sommer, Herbst und Winter:
„Meine Jahreszeit ist die schönste, weil/denn ...."

Kunst:
Malen der vier Jahreszeiten auf kleinen Bildern
(Aufheben der Kinderzeichnungen für das Buchprojekt)
Kreatives Bearbeiten des Buchprojekts

Musik:
Antonio Vivaldi: Die vier Jahreszeiten für Kinder erzählt (Audio-CD)
Antonio Vivaldis Lebenslauf
Antonio Vivaldi: Die vier Jahreszeiten (CD: Konzert für Violine und Orchester)
Analyse des 1. Violinkonzerts, Opus 8, Satz 1, „Der Frühling"
Die Instrumente zu Vivaldis „Vier Jahreszeiten"
Motivierendes Kastenrätsel und Vivaldi-Quiz zur Überprüfung des Lernerfolgs
Bearbeiten des Buchprojekts (Bereiche: Musik, Kunst, Deutsch)
Gestalten und Binden des Buchs für jedes Kind: Die vier Jahreszeiten von Antonio Vivaldi
evtl.:
Einladen von Orchestermusikern (Streicher) in die Schule

Unterrichtsschritte

Einführung und Vorstellen des Vorhabens
Ein bedeutender italienischer Musiker (Bild: Antonio Vivaldi, S. 32) überlegte sich, wie man die vier Jahreszeiten mit Musik darstellen kann. Welche Idee hättest du?
Evtl. mit vorhandenen Klanginstrumenten Vorschläge umsetzen lassen (Regen, Schnee, Gewitter…).
Eine markante Stelle aus Vivaldis Violinkonzert (z. B. Vogelgesang) als „Hör-Rätsel" vorstellen.

Kurzbiografie „Antonio Vivaldi"(AB S. 10)
Geboren 1678 in Venedig, Italien (Bild der Stadt, Seite 33).
Frühgeburt während eines Erdbebens in Venedig.
Vater Barbier und Geiger in der Kirche San Marco (Bild, Seite 34).
Wie der Vater war auch sein Sohn Antonio musikalisch hochbegabt.
Antonio erhielt früh Musikunterricht in der Familie.
Antonio spielte schon als Kind meisterhaft die Violine.
Er soll seinen Vater bereits als Kind im Orchester der Kirche San Marco vertreten haben.
Antonio durchlief eine Priesterausbildung und wurde mit 25 Jahren zum Priester geweiht.
Er erhielt den Spitznamen „Roter Priester" (il prete rosso) wegen seiner Haarfarbe und seinem Temperament – er zog die Musik dem Priestertum vor – Geigenvirtuose – Musiklehrer – Dirigent – Komponist von mehr als 700 Werken: Opern, Konzerte, Sinfonien, Kirchenmusiken, Messen.
Vivaldis Musik verbreitete sich schnell in Italien und Europa
– er war kränklich – starb verarmt mit 63 Jahren in Wien.
Weltberühmt wurde sein Zyklus: Die vier Jahreszeiten
Antonio Vivaldi konnte mit Musik „Bilder malen".
Zur Erläuterung und als Hilfe für seine Zuhörer schrieb er dazu Gedichte (Sonette)
Arbeitsblätter (S. 12, 13, 15, 17, 19)

Hören und Mit-Lesen (Audio-CD)
a) Einführung/Inhalt des Märchens (ca. 3 min)
b) Der Frühling (ca. 8 min)
   Die Kinder erhalten Gelegenheit, das Frühlingsblatt zur Musik zu gestalten:
   Baum: Prinz Pfirsichblüte – entsprechende Frühlingsmotive aus den Hörbeispielen
   Arbeitsblätter S. 13, 22 (dazu Werkhören: Original-CD „Der Frühling")

Wiederholung: Frühling
Was hat dir besonders gefallen (Musik – Text)
Weiterführung:
Der Sommer (ca. 7 min)
Der Herbst (ca. 8 min)
Werkhören – Mitlesen – kreatives Gestalten der nachfolgenden Seiten:
Prinz Kirsche und Prinz Ahorn sowie entsprechende jahreszeitliche Attribute

Wiederholung: Sommer und Herbst
Vorstellen der gestalteten Seiten
Weiterführung:
Der Winter (ca. 7 min)
Die Entscheidung (ca. 3 min)
Einfügen der gemalten Kinderbilder „Vier Jahreszeiten" (siehe Kunstunterricht)
alternativ: vorgegebene Ausmalbilder: Frühling, Sommer, Herbst und Winter
Kreatives Gestalten zur Musik

Musikrätsel:
Anspielen von Musikbeispielen aus den vier Konzerten in ungeordneter Reihenfolge:
Was hast du dir zur Musik gerade vorgestellt?
Um welche Jahreszeit könnte es sich handeln? Warum?
Analyse: „Der Frühling", Satz 1 in Ritornellform (ausgewählt als besonders eindrucksvoller Satz aus dem 1. Violinkonzert – bietet sich zudem nach Behandlung der Unterrichtseinheit im Winter als nächste Jahreszeit an) AB: Der Frühling (S. 22)

Die Instrumente (Streichinstrumente):
AB: Instrumente (Seite 23)

Kastenrätsel und Musik-Quiz
als motivierendes Angebot und zur Überprüfung des Erfahrenen
Zusammenfügen der einzelnen Blätter zu einem Buch mit Deckblatt und Bindung
Vorstellen und Würdigen der Werke der Kinder im Stuhlkreis
(evtl. kleine Ausstellung im Klassenzimmer oder in der Aula)

Die Unterrichtseinheit umfasst ca. 6 bis 8 Stunden (Musik, Kunst, Deutsch, Sachunterricht)

Antonio Vivaldi
Die vier Jahreszeiten

Ein musikalisches Märchen für Kinder

Mein Name: _____

Meine Klasse: _____

Antonio Vivaldi

Antonio Vivaldi wurde am 04.03.1678 in der Stadt Venedig in Italien geboren. Er war das älteste von neun Geschwistern. Wie sein Vater war er sehr musikalisch. Er lernte Noten lesen und schreiben und spielte schon als Kind meisterhaft Violine.
Neben dem Geigenspiel wurde Antonio Vivaldi zum Priester ausgebildet und mit 25 Jahren zum Priester geweiht. Doch die Musik sagte ihm mehr zu.
Er wurde Musiklehrer, leitete Orchester und komponierte Konzerte, Opern, Sinfonien und Kirchenmusik. Vivaldi schrieb über 700 Werke und war einer der bedeutendsten Musiker Italiens und Europas. Sein weltberühmtes Violinkonzert heißt:
Die vier Jahreszeiten (le quattro stagioni)

Antonio Vivaldi starb krank und verarmt am 28.07.1741 in Wien.

*Klebe hier das Bild
des berühmten italienischen
Komponisten auf
und schreibe darunter
seinen Namen.
(S. 32)*

*Übermale auf der Notenlinie
unten den Violinschlüssel
und schreibe selbst einige Noten.*

Die vier Jahreszeiten

Die Sonne und die Jahreszeiten lenken das Leben auf unserer Erde.
Viele Künstler haben Bilder dazu gemalt.
Antonio Vivaldi wollte mit Tönen malen und schrieb mit Noten das weltberühmte Musikstück: „Die vier Jahreszeiten". Eigentlich sind es vier kleine Konzerte. Jedes Konzert erzählt von einer Jahreszeit:

1. Der Frühling – la primavera
2. Der Sommer – l'estate
3. Der Herbst – l'autunno
4. Der Winter – l'inverno

Mit Noten, Tonfolgen und Geigen hat Vivaldi Naturerscheinungen nachgeahmt. Mit etwas Fantasie hörst du Vogelgesang, murmelnde Quellen, sanfte Winde, Gewitter und heftige Stürme, schlafende und fröhliche Hirten, einen Bauerntanz, eine Jagdszene, Eislaufen oder eine Schlittenfahrt, Schritte im Eis, knisterndes Feuer in der warmen Stube, spürst du die Hitze des Sommers und die Kälte des Winters.

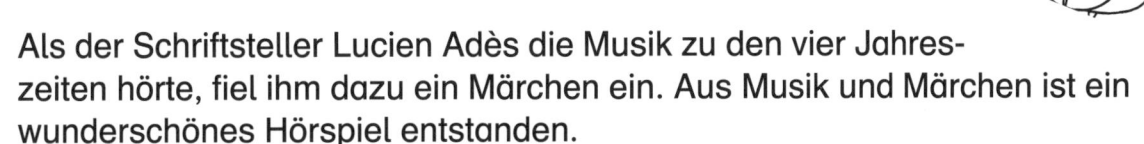

Als der Schriftsteller Lucien Adès die Musik zu den vier Jahreszeiten hörte, fiel ihm dazu ein Märchen ein. Aus Musik und Märchen ist ein wunderschönes Hörspiel entstanden.
Du kannst dazu malen und ein schönes Buch entstehen lassen.

Im musikalischen Märchen spielen mit:

der Vater _____

seine Tochter _____

der Herr des Frühlings: _____

der Herr des Sommers: _____

der Herr des Herbstes: _____

der Herr des Winters: _____

Setze richtig ein:
Prinzessin Erde – der Sonnenkönig – Prinz Tanne – Prinz Kirsche – Prinz Ahorn – Prinz Pfirsichblüte

Der Inhalt des Märchens

Am Anfang ihres Lebens fühlte sich Prinzessin Erde einsam und traurig. Öde und leer vergingen viele Tage. Ihr Vater, der Sonnenkönig, überlegte, was er nur tun könnte, um seine geliebte Tochter aufzuheitern. Vielleicht würde ein Gemahl sie glücklich machen?
So beschloss er, einige Prinzen an seinen Hof zu laden, um sie der Prinzessin vorzustellen. Wer könnte ihr Herz wohl erobern?

Prinz Pfirsichblüte,	der Herr des Frühlings
Prinz Kirsche,	der Herr des Sommers
Prinz Ahorn,	der Herr des Herbstes
oder	
Prinz Tanne,	der Herr des Winters?

Ein jeder von ihnen war würdig, das Leben der Erdprinzessin zu teilen. Aber sie sollte selbst wählen, wen sie zum Gemahl nehmen wollte.

Alle vier Prinzen waren gleich anmutig, aber dabei so verschieden. Die Prinzessin bat um etwas Zeit, um überlegen zu können. Die Prinzen aber hatten sich alle vier in die Prinzessin verliebt und drängten sie, eine Entscheidung zu treffen.

Da hatte die Prinzessin eine Idee: Um die Prinzen besser kennenzulernen, wollte sie mit jedem einen ganzen Tag verbringen und sich danach entscheiden.

Der Sonnenkönig fand den Vorschlag seiner Tochter sehr weise. Und so stimmte er ihrem Entschluss zu.

Am nächsten Tag stand Prinz Pfirsichblüte schon früh im Morgengrauen auf …

Prinz Pfirsichblüte der Herr des Frühlings

Er war noch sehr jung. Sein frisches Gesicht blühte aus tausend rosa Blütenblättern, aus denen seine kecke Knospennase hervorguckte. Seine Arme waren biegsame Zweige, und er trug ein hellgrünes Blätterkleid. Das lustigste war sein Hütchen auf dem Kopf: Es war ein Nest voll fröhlicher Meisen.

Seine feinen grünen Finger zauberten der Prinzessin ein leuchtend grünes Frühlingskleid und tausende von Frühlingsblumen: Anemonen. Vergissmeinnicht, Narzissen, Butterblumen und viele andere.

Er ließ den sanften Frühlingswind über das Gesicht der Prinzessin streichen. Er ließ eine kristallklare Quelle entspringen, die murmelnd über das grüne Moos lief. Kleine rauschende Bächlein plätscherten dahin.

Er konnte den Himmel mit Blitzen zerreißen, den Donner rollen und das Wasser der Wolken herniedertropfen lassen. Um der Prinzessin zu gefallen, ließ er ein Gewitter aufziehen.

Dann breitete er den blauen Himmel wieder aus und ließ aus rosa Blütenpracht eine Lerche in den Frühlingshimmel aufsteigen, die ein fröhliches Lied sang. Entzückt lauschte die Prinzessin der Vogelstimme.

Eine Schafherde erschien mit Hirten und Hirtenhund. Hirt und Hirtin drehten sich im Kreis und tanzten zu einer bezaubernden Melodie.

Prinzessin Erde war begeistert. Der Tag ging zu Ende. Prinz Pfirsichblüte und die Prinzessin mussten sich trennen.

Prinzessin Erde erlebt den Frühling

Hier kannst du dein eigenes Bild von der Erdprinzessin im Frühling malen.

Prinz Kirsche der Herr des Sommers

Die Sonne schien heiß, sehr heiß. Hirt und Herde schliefen ermattet.
Als Prinzesin Erde am zweiten Morgen die Augen aufschlug, beugte sich Prinz Kirsche über sie. Sein silbrig heller Kopfschmuck funkelte und strahlte im warmen Sonnenlicht. Er reichte ihr seine mit Rinden und Blättern behandschuhte Hand.
Die tausend roten Glöckchen seines Blättermantels begannen vergnügt zu klingeln.
Prinz Kirsche lief mit Prinzessin Erde durch Felder und Gärten. Unterwegs veränderte er ihr Kleid. Rote und gelbe Tupfen leuchteten wie große Sonnenblumen.
Die Blüten verwandelten sich auf dem Weg in Früchte, und auf den Feldern wuchsen goldene Ähren. Der Prinz schenkte der Prinzessin einen Korb mit saftigen Feigen, Tomaten, Melonen, Paprika, Gurken und süßen Pflaumen.
Die Früchte sollten ihr Kraft und Leben spenden. Im Schatten der Bäume spielten die Grillen ihr schönstes Konzert.
Die Hitze des Tages hatte sich gelegt. Am Abend hüllte der Prinz die Prinzessin in einen sternenübersäten Himmelsmantel.
Prinzessin Erde war begeistert. Doch der Tag ging zu Ende, und es hieß Abschied nehmen.

Prinzessin Erde erlebt den Sommer

Hier kannst du dein eigenes Bild von der Erdprinzessin im Sommer malen.

Prinz Ahorn der Herr des Herbstes

Als Prinzessin Erde am Morgen des dritten Tages erwachte, musste sie ihre Augen gleich wieder schließen, denn Prinz Ahorn stand vor ihr. Sie schaute in ein wahres Feuerwerk von Farben und war geblendet von der leuchtenden Pracht. Mit sanfter Stimme begann der Prinz zu sprechen: „Fürchten Sie sich nicht, Prinzessin. Ich bin Prinz Ahorn."

Als er lachte, erzitterten seine bunten Blätter im nebligen Morgen. Die Nachtluft spielte noch in den Falten seines Rockes. Er trug eine lustige Mütze aus vielen farbenfrohen Flecken.

Ein Hirtenfest begann mit Tanz und Musik. Damit die Prinzessin mitfeiern konnte, veränderte er ihr Kleid. Er schnitt aus seinem Gewand viele bunte Streifen: braun, rot und golden und zauberte daraus ein festliches Herbstkleid. Auf den Kopf setzte er ihr einen Kranz aus Trauben und Weinblättern. Die Bauern waren glücklich über die reiche Ernte.

Mit seinen goldenen Fingerspitzen verwandelte Prinz Ahorn den Wald in ein buntes Farbenmeer und ließ die Blätter tanzen. Sie wirbelten und drehten sich in der Luft wie bunte Farbkleckse.

Reiter kamen und gingen auf die Jagd. Das Wild versuchte zu fliehen.

Als es Abend wurde, war die Zeit des Abschieds gekommen. Traurig verbarg Prinz Ahorn sein Gesicht in einem feinen Schal aus Nebelschwaden.

Prinzessin Erde erlebt den Herbst

Hier kannst du dein eigenes Bild von der Erdprinzessin im Herbst malen.

Prinz Tanne der Herr des Winters

Der vierte Tag war gekommen. Als Prinzessin Erde am Morgen erwachte, trug sie ein schweres weißes Kleid.

Vor ihr stand Prinz Tanne und lächelte. Er trug eine große Kapuze aus kristallbesetztem Fell, denn es herrschte eine klirrende Kälte mit Schnee und Wind. „Nach der harten Arbeit und nach fröhlichen Festen brauchen die Menschen Ruhe und Frieden", erklärte er. „Sie müssen ausruhen und nachdenken. Alles hat seine Zeit."

Die Vögel kuschelten sich in ihre Nester, der Bär und das Murmeltier verkrochen sich in ihre Höhle und in ihren Bau, um zu schlafen und zu faulenzen. Der Saft der Pflanzen hörte auf zu fließen.

Der Hirt und die Hirtin stapften durch den Schnee und brachten ihre Herde in den Stall. Dann schlossen sie die Tür ihrer Hütte. Draußen tobte ein eisiger Sturm. In der Stube war es warm und gemütlich. Der Prinz warf dicke Holzscheite in den Kamin, sodass das Feuer lustig zu flackern begann.

Dann bestiegen Prinz und Prinzessin einen Schlitten und fuhren durch die Winterpracht. Die Welt sah wie verzaubert aus. Sie fuhren von einer Quelle zur anderen, und Prinz Tanne schenkte jeder Ruhe und Stille unter einer dicken Eisdecke. Ihr fröhlicher Lauf wurde unterbrochen und verwandelte sich in glitzernde kristallene Blüten. Der Prinz pflückte zwei davon und schenkte sie der Prinzessin als Andenken.

Prinzessin Erde erlebt den Winter

Hier kannst du dein eigenes Bild von der Erdprinzessin im Winter malen.

Die Entscheidung

Die vier Tage waren vergangen, doch Prinzessin Erde konnte sich nicht entscheiden.
Sie liebte alle vier Prinzen und blieb unentschlossen.
Verwirrt und traurig ging sie zum Vater, der ihr helfen sollte.
Der Sonnenkönig sprach: „Mein Kind, du brauchst die Jugendfrische des Frühlings, die Kraft des Sommers, die Weisheit des Herbstes und die Ruhe des Winters.
Ich werde für dich eine Ausnahme machen". Und er teilte seine Zeit in vier Teile.
Mit jedem Prinzen sollte die Erdprinzessin einen Teil des Jahres verleben.

Und so entstanden die vier Jahreszeiten, die das Leben auf der Erde bestimmen und aufeinanderfolgen wie die vier Abschnitte eines Menschenlebens.

Auf dieser Seite kannst du die Bilder von S. 31 einkleben und ausmalen oder eigene Bilder von den vier Jahreszeiten zeichnen.

Höre dazu Vivaldis Musik. Vielleicht entdeckst du noch etwas Neues.

Der Frühling

Konzert Nr. 1, 1. Satz

1. In seinem Konzert „Der Frühling", Satz 1, malt Vivaldi mit Musik vier besonders eindrucksvolle Bilder. Zwischen den Bildern hörst du das Ritornell, das im Verlauf des Musikstücks immer wiederkehrt. Wie ist die richtige Reihenfolge der Bilder?
Höre gut hin und nummeriere:

   ☐ Gewitter mit Blitz und Donner

   ☐ Gesang der Vögel

   ☐ Vogelstimmen nach dem Gewitter (Gesang der aufsteigenden Lerche)

   ☐ Quellen, Plätschern der Bäche und leichter Wind

2. Höre jetzt noch einmal der Frühlingsmusik zu und klebe die passenden Bilder in der richtigen Reihenfolge in die Rahmen. *Viel Spaß und Erfolg!*

1. Anfangs-Ritornell

2. Ritornell

3. Ritornell

4. Ritornell

Schluss-Ritornell

Die Instrumente

Das sind die Instrumente aus den „Vier Jahreszeiten":

1. **Violine (Geige)** 2. **Viola (Bratsche)**
3. **Violoncello (Cello)** 4. **Kontrabass (Bass)**

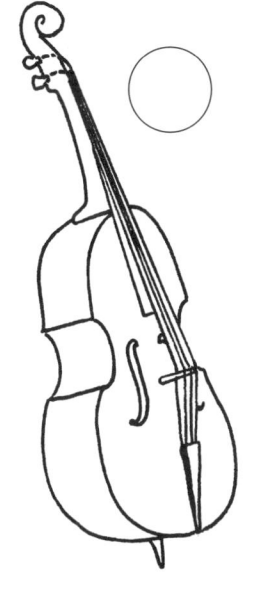

1. Ordne den Abbildungen die passenden Zahlen zu und schreibe sie in die Kreise.
2. Trage die Namen der Instrumente unten in den Text ein.

Die _____, auch Geige genannt, ist das kleinste Instrument der Streicherfamilie. Mit ihr kannst du die höchsten Töne spielen.

Die _____, auch Bratsche genannt, ist größer und tiefer klingend. Sie ist die größere Schwester der Geige.

Das _____ gehört zu den tiefen Instrumenten der Streicherfamilie. Es kann nicht mehr auf die Schulter gelegt werden. Es wird zwischen den Knien gehalten und mit dem Stachel auf dem Boden aufgestützt.

Das tiefste und größte Streichinstrument ist der _____.
Auch dieses Instrument steht mit einem Stachel auf dem Boden.

Alle Streichinstrumente haben _____ Saiten und werden mit einem _____ gestrichen. Das Gehäuse besteht aus Holz.

Ein Instrument ist oft allein zu hören. Es ist die Solo-_____.

Antonio Vivaldi setzte zu den Streichinstrumenten noch ein kaum hörbares Tasteninstrument ein: das **Cembalo**. Später wurde das Musikstück auch auf verschiedene andere Instrumente umgeschrieben.

Kastenrätsel

1. italienischer Musiker (1678–1741)
2. sein 1. Violinkonzert aus dem Werk „Opus 8"
3. immer wiederkehrende Melodie im Musikstück
4. mit Pferdehaar bespannter Holzstab für Streichinstrumente
5. Metalldrähte, Darm oder anderes Material zum Bespannen von Instrumenten
6. mit Instrumenten kann man Donner und ……. erklingen lassen
7. ein größeres Streichinstrument
8. anderes Wort für Geige
9. musikalisches Zeichen für einen Ton
10. Geburtsort von A. Vivaldi
11. sein Vorname

Von oben nach unten gelesen, kannst du ein Lösungswort finden. *Viel Spaß!*

Kastenrätsel (Lösung)

1. italienischer Musiker (1678–1741)
2. sein 1. Violinkonzert aus dem Werk „Opus 8"
3. immer wiederkehrende Melodie im Musikstück
4. mit Pferdehaar bespannter Holzstab für Streichinstrumente
5. Metalldrähte, Darm oder anderes Material zum Bespannen von Instrumenten
6. mit Instrumenten kann man Donner und ……. erklingen lassen
7. ein größeres Streichinstrument
8. anderes Wort für Geige
9. musikalisches Zeichen für einen Ton
10. Geburtsort von A. Vivaldi
11. sein Vorname

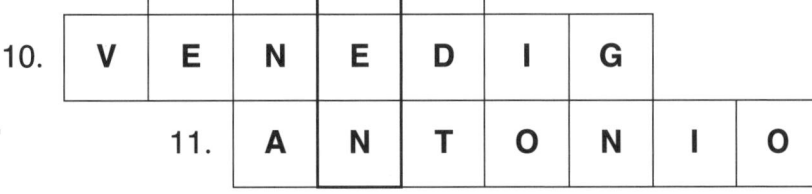

			?					
1.	V	I	V	A	L	D	I	
2.	F	R	Ü	H	L	I	N	G
			3.	R	I	T	O	R	N	E	L	L
	4.	B	O	G	E	N		
			5.	S	A	I	T	E	N
6.	B	L	I	T	Z			
			7.	C	E	L	L	O	
			8.	V	I	O	L	I	N	E
			9.	N	O	T	E	
	10.	V	E	N	E	D	I	G	
			11.	A	N	T	O	N	I	O

Von oben nach unten gelesen, kannst du ein Lösungswort finden. *Viel Spaß!*

| ? | A | H | R | E | S | Z | E | I | T | E | N |

Musik-Quiz zu Antonio Vivaldi

1. Wo wurde Antonio Vivaldi geboren?
   - ☐ A Rom
   - ☐ B Paris
   - ☐ C Venedig
   - ☐ D Mailand

2. Antonio Vivaldi war
   - ☐ A Italiener
   - ☐ B Franzose
   - ☐ C Spanier
   - ☐ D Österreicher

3. Vivaldi hat gelebt vor über
   - ☐ A 50 Jahren
   - ☐ B 300 Jahren
   - ☐ C 500 Jahren
   - ☐ D 800 Jahren

4. Er spielte meisterhaft
   - ☐ A Geige
   - ☐ B Klarinette
   - ☐ C Orgel
   - ☐ D Klavier

5. Wie viele Werke komponierte er?
   - ☐ A etwa 100
   - ☐ B etwa 250
   - ☐ C etwa 500
   - ☐ D etwa 700

6. Sein bekanntestes Musikstück ist
   - ☐ A Die Zauberflöte
   - ☐ B Die 4 Jahreszeiten
   - ☐ C Peter und der Wolf
   - ☐ D Die Vogelhochzeit

7. Das Musikstück „Die 4 Jahreszeiten" ist
   - ☐ A ein Orgelkonzert
   - ☐ B ein Violinkonzert
   - ☐ C ein Klavierkonzert
   - ☐ D ein Flötenkonzert

8. Es heißt im Original
   - ☐ A l'inverno
   - ☐ B pizza quattro stagioni
   - ☐ C Venezia
   - ☐ D le quattro stagioni

9. Der 1. Satz heißt
   - ☐ A l'inverno/Winter
   - ☐ B l'estate/Sommer
   - ☐ C la primavera/Frühling
   - ☐ D l'autunno/Herbst

10. Im ersten Satz hört man
    - ☐ A Vogelstimmen
    - ☐ B Kinderlachen
    - ☐ C Katzenlaute
    - ☐ D einen Chor

11. Eine sich wiederholende Musikform (Refrain) ist
    - ☐ A das Ritornell
    - ☐ B das Karussell
    - ☐ C das Kapitell
    - ☐ D das Naturell

12. Das kleinste Streichinstrument ist
    - ☐ A der Kontrabass
    - ☐ B die Violine
    - ☐ C das Cello
    - ☐ D die Viola

13. Ein anderes Wort für Violine ist
    - ☐ A Geige
    - ☐ B Bratsche
    - ☐ C Bass
    - ☐ D Violoncello

14. Ein anderes Wort für Viola ist
    - ☐ A Geige
    - ☐ B Bass
    - ☐ C Bratsche
    - ☐ D Violoncello

15. Die Streichinstrumente haben ? Saiten
    - ☐ A 3
    - ☐ B 4
    - ☐ C 5
    - ☐ D 6

16. Womit streicht man über die Saiten?
    - ☐ A Stab
    - ☐ B Stock
    - ☐ C Besen
    - ☐ D Bogen

17. Welchen Musiker nannte man wegen seiner roten Haare, wegen seiner feurig gespielten Geigenmusik und wegen seines zweiten Berufs *Der rote Priester*?
    - ☐ A Mozart
    - ☐ B Beethoven
    - ☐ C Bach
    - ☐ D Vivaldi

Wenn du alle 17 Fragen richtig beantworten kannst, bist du ein sehr guter Vivaldi-Kenner!
Wenn du 14–16 Fragen richtig beantwortet hast, kennst du Antonio Vivaldi gut!

Musik-Quiz zu Antonio Vivaldi
(Lösung)

1. Wo wurde Antonio Vivaldi geboren?
   - ☐ A Rom
   - ☐ B Paris
   - ☒ C Venedig
   - ☐ D Mailand

2. Antonio Vivaldi war
   - ☒ A Italiener
   - ☐ B Franzose
   - ☐ C Spanier
   - ☐ D Österreicher

3. Vivaldi hat gelebt vor über
   - ☐ A 50 Jahren
   - ☒ B 300 Jahren
   - ☐ C 500 Jahren
   - ☐ D 800 Jahren

4. Er spielte meisterhaft
   - ☒ A Geige
   - ☐ B Klarinette
   - ☐ C Orgel
   - ☐ D Klavier

5. Wie viele Werke komponierte er?
   - ☐ A etwa 100
   - ☐ B etwa 250
   - ☐ C etwa 500
   - ☒ D etwa 700

6. Sein bekanntestes Musikstück ist
   - ☐ A Die Zauberflöte
   - ☒ B Die 4 Jahreszeiten
   - ☐ C Peter und der Wolf
   - ☐ D Die Vogelhochzeit

7. Das Musikstück „Die 4 Jahreszeiten" ist
   - ☐ A ein Orgelkonzert
   - ☒ B ein Violinkonzert
   - ☐ C ein Klavierkonzert
   - ☐ D ein Flötenkonzert

8. Es heißt im Original
   - ☐ A l'inverno
   - ☐ B pizza quattro stagioni
   - ☐ C Venezia
   - ☒ D le quattro stagioni

9. Der 1. Satz heißt
   - ☐ A l'inverno/Winter
   - ☐ B l'estate/Sommer
   - ☒ C la primavera/Frühling
   - ☐ D l'autunno/Herbst

10. Im ersten Satz hört man
    - ☒ A Vogelstimmen
    - ☐ B Kinderlachen
    - ☐ C Katzenlaute
    - ☐ D einen Chor

11. Eine sich wiederholende Musikform (Refrain) ist
    - ☒ A das Ritornell
    - ☐ B das Karussell
    - ☐ C das Kapitell
    - ☐ D das Naturell

12. Das kleinste Streichinstrument ist
    - ☐ A der Kontrabass
    - ☒ B die Violine
    - ☐ C das Cello
    - ☐ D die Viola

13. Ein anderes Wort für Violine ist
    - ☒ A Geige
    - ☐ B Bratsche
    - ☐ C Bass
    - ☐ D Violoncello

14. Ein anderes Wort für Viola ist
    - ☐ A Geige
    - ☐ B Bass
    - ☒ C Bratsche
    - ☐ D Violoncello

15. Die Streichinstrumente haben ? Saiten
    - ☐ A 3
    - ☒ B 4
    - ☐ C 5
    - ☐ D 6

16. Womit streicht man über die Saiten?
    - ☐ A Stab
    - ☐ B Stock
    - ☐ C Besen
    - ☒ D Bogen

17. Welchen Musiker nannte man wegen seiner roten Haare, wegen seiner feurig gespielten Geigenmusik und wegen seines zweiten Berufs *Der rote Priester?*
    - ☐ A Mozart
    - ☐ B Beethoven
    - ☐ C Bach
    - ☒ D Vivaldi

Wenn du alle 17 Fragen richtig beantworten kannst, bist du ein sehr guter Vivaldi-Kenner!
Wenn du 14–16 Fragen richtig beantwortet hast, kennst du Antonio Vivaldi gut!

Kopiervorlagen/Abbildungen

Prinz Pfirsichblüte

Prinz Kirsche

Juliane Linker: Antonio Vivaldi – Die vier Jahreszeiten · Best.-Nr. 744
© Brigg Pädagogik Verlag GmbH, Augsburg

Prinz Ahorn

Prinz Tanne

Prinzessin Erde

Prinzen

Jahreszeiten-Bilder

Vignetten Jahreszeiten

Frühling (Ritornell)

31

Noten zu den Jahreszeiten

Instrumente

Antonio Vivaldi

Juliane Linker: Antonio Vivaldi – Die vier Jahreszeiten · Best.-Nr. 744
© Brigg Pädagogik Verlag GmbH, Augsburg

Fotos Venedig

Das ist die Lagunenstadt Venedig. Hier wurde Vivaldi geboren.

In der Kirche San Marco (zum hl. Markus) war Antonio Vivaldi als Violonist angestellt

Carnevale Venedig (Masken)

Musikquellen

CD Antonio Vivaldi „Die vier Jahreszeiten"

Audio-CD: Karlheinz Böhm, Antonio Vivaldi „Die vier Jahreszeiten"
Für Kinder erzählt von Karlheinz Böhm
Mit vielen Musikbeispielen
Aus der Reihe: Adès-Klassik für Kinder
Verlag: Universal Musik, Berlin
ISBN 978-3-8291-0625-2

BRIGG Pädagogik VERLAG

Besser mit Brigg Pädagogik!
Kreative Materialien für einen gelungenen Unterricht in Musik und Religion!

Materialpaket komplett
aus Buch, Poster, Leporello und Audio-CD
Best.-Nr. 512

Buch
60 S., DIN A4,
mit Kopiervorlagen
Best.-Nr. 560

Poster
Best.-Nr. 638

Leporello
Best.-Nr. 639

Audio-CD
Best.-Nr. 559

Weitere Infos, Leseproben und Inhaltsverzeichnisse unter
www.brigg-paedagogik.de

Sylvia Avrand-Margot

Klassik in der Grundschule

Unterrichtsideen, Kopiervorlagen, CD, Poster und Leporello

22 Stundenbilder zu Werken, Komponisten und Instrumenten der klassischen Musik! Das perfekte Material, um Grundschulkindern klassische Werke näherzubringen. Die **Stundenbilder im Doppelseitenprinzip** behandeln jeweils ein wichtiges klassisches Musikstück: Die Lehrerseite (links) bietet Informationen, Anregungen und Aktivitäten. Rechts folgen Kopiervorlagen für die Kinder.

Zusatzmaterialien:
Poster (bunt, DIN A2) mit den wichtigsten Instrumenten, **Leporello** mit den wichtigsten Komponisten, **Audio-CD** mit allen Werken und weiterführenden Musikstücken.

Axel Rees / Stefan Noster / Tobias Gimmi

Hip-Hop in der Schule

Coole Choreografien für Kinder und Jugendliche

DVD und Audio-CD

Teil 1	Teil 2
Best.-Nr. 340	Best.-Nr. 341

Tanz und Bewegung nach **Hip-Hop-Rhythmen** liegen voll im Trend bei Jugendlichen – machen Sie sich diese Begeisterung für Ihren Unterricht zu Nutze! **Schritt für Schritt** werden Choreografien gezeigt und erklärt. Die Audiotracks sind in vier gängige Tempi eingeteilt, die auf alle aktuellen Hits angewandt werden können. **Für Profis und fachfremd unterrichtende Lehrkräfte!**

Juliane Linker

Mein Osterkalender

Fächerübergreifendes Projekt zur intensiven Gestaltung der Passions- und Osterzeit

ab Klasse 3

48 S., DIN A4,
Kopiervorlagen
Best.-Nr. 630

Ein **Mitmach-Kalender** für Kinder mit Mal- und Gestaltungsideen! Dieser Projektband für den **fächerübergreifenden Religionsunterricht** verhilft Kindern zu einem intensiven Erleben der Osterzeit. Durch seinen Aufbau verdeutlicht und vertieft der Kalender die biblischen Ereignisse und Abläufe zu Passion und Auferstehung.

Bestellcoupon

Ja, bitte senden Sie mir / uns mit Rechnung

____ Expl. Best.-Nr. _____
____ Expl. Best.-Nr. _____
____ Expl. Best.-Nr. _____
____ Expl. Best.-Nr. _____

Meine Anschrift lautet:

Name / Vorname
Straße
PLZ / Ort
E-Mail
Datum/Unterschrift   Telefon (für Rückfragen)

Bitte kopieren und einsenden/faxen an:

**Brigg Pädagogik Verlag GmbH
zu Hd. Herrn Franz-Josef Büchler
Zusamstr. 5
86165 Augsburg**

☐ Ja, bitte schicken Sie mir Ihren Gesamtkatalog zu.

Bequem bestellen per Telefon / Fax:
Tel.: 0821 / 45 54 94-17
Fax: 0821 / 45 54 94-19
Online: www.brigg-paedagogik.de